Das Enneagramm steckt uns nicht in Boxen. Es zeigt uns die Boxen, in denen wir bereits sind. Und hilft uns, uns daraus zu befreien.

—Ian Morgan Crohn

Was gibt mir das?

■ »Das Ennea-was?« Viele Menschen stutzen, wenn sie zum ersten Mal diesem Begriff begegnen. Der griechische Name bedeutet nichts anderes als neun *(ennea)* und Beschreibungen *(gram)*.

Das Enneagramm ist also eine antike Typenlehre, die neun verschiedene Persönlichkeitsmuster beschreibt. Anders als andere Typenlehren, die oft nur vier Grundtypen beschreiben, ist das Enneagramm viel nuancenreicher und beschreibt Aspekte der Persönlichkeit im Detail.

Bestimmte Grundmuster im Denken und Fühlen zeigen sich bei bestimmten Typen einfach ausgeprägter als bei anderen.

So gibt es etwa die Fünfer-Menschen, die oft die Sorge haben, etwas nicht zu verstehen, oder die Siebener, die Angst haben, sich zu langweilen. Die Grundmuster wirken sich dann auf das Verhalten aus.

Auf eine Wanderung würde eine Fünf eher ein Bestimmungsbuch für Pflanzen mitnehmen, die Sieben eher Spiele und Getränke für den Abend einpacken.

Dabei geht es nicht darum, jemanden festzulegen und in eine Schachtel zu stecken: »So bist du halt.«

Das dachte ich, als ich zum ersten Mal mit dem Enneagramm in Berührung kam. Ich als Sieben ärgerte mich über das, was dort als Schwäche meines Persönlichkeitstyps beschrieben wurde, etwa das Flatterhafte und das Hin- und Herspringen.

Ich wollte doch so gern tief philosophisch und nachdenklich sein. Fakt ist: Ich bin es nicht. Ich interessiere mich ständig für neue Themen und Projekte. Das ist eine meiner großen Stärken und eine Schwäche, mit der ich – auch mithilfe des Enneagramms – besser umgehen lerne.

Das Enneagramm hilft dabei, das eigene Handeln auf Basis der persönlichen Grundmuster zu verstehen: »Ah, ich mache das, weil ...« oder »Als Zwei ist mir das besonders wichtig!«

Wer zusätzlich noch ein Gefühl für die Muster der anderen bekommt, kann entspannter reagieren.

Ich bin nicht *die* Expertin für das Enneagramm. Da gibt es andere, die sich tiefer mit allen Nuancen dieses Werkzeugs auseinandergesetzt haben und regelmäßig Kurse und Seminare halten.

Aber ich bin die Expertin für kurz und knapp. Ich besitze die Fähigkeit, Wissen kompakt zusammenzufassen. Deshalb habe ich dieses Quadro geschrieben.

Das Quadro richtet sich an Menschen, die sich weiterentwickeln wollen und

- einen ersten Einstieg in das Enneagramm suchen,
- sich einen kompakten Überblick wünschen,
- praktische Anwendungen wollen.

Reine Theorie liegt mir nicht. Ich mag Dinge, die praktisch umsetzbar sind. Deshalb gibt es nach der Einführung in die Grundmuster des Enneagramms (Woche 1 und 2) den ganz praktischen Teil in Woche 3 und 4:

- Wie stärkt das Enneagramm meine persönliche Entwicklung?
- Wie hilft mir das Enneagramm, besser mit anderen auszukommen?

Wer sich selbst besser versteht, kann entspannter mit sich umgehen. Er findet leichter Wege, um Schwächen abzumildern und Stärken einzusetzen. Wer andere tiefer versteht, reagiert gelassener auf ihr Verhalten, weil er es leichter einordnen kann.

Führungskräften verhilft das Enneagramm dazu, besser leiten zu können. In einem Team kann man Aufgaben so delegieren, dass sie dem jeweiligen Typen bestmöglich entsprechen und Mitarbeiter so richtig aufblühen.

Mir hat das Enneagramm ein tieferes Verständnis für mich und andere geschenkt. Es hat Konflikte vermieden oder abgeschwächt, weil ich den anderen und mich besser verstand. Kurz: Das Enneagramm ist ein faszinierendes Werkzeug für die persönliche Entwicklung und den Umgang mit anderen.

Viel Freude beim Entdecken!

Kerstin Hack

—Kerstin Hack

Tipps zur Anwendung

- Dieses Quadro ist in 28 Kapitel aufgeteilt. Du kannst vier Wochen lang täglich einen Abschnitt lesen und umsetzen. Ich empfehle dir, es Schritt für Schritt zu lesen, da es sehr kompakte Inhalte sind.
- Die Kapitel können fortlaufend oder auch separat gelesen werden. Fang ruhig mit dem Thema an, das dich am meisten interessiert.
- Wenn dich ein Kapitel besonders anspricht, dann lies es einfach mehrfach.
- Am Ende jedes Abschnittes findest du Fragen. Nimm dir Zeit, darüber nachzudenken und sie zu beantworten. Was schriftlich ist, wird konkret. Deshalb empfehle ich dir, die Antworten aufzuschreiben und dir auch Notizen zu machen, wie du die Handlungsimpulse umsetzen möchtest.
- Nimm dir einige Minuten Zeit, um das Gelesene in eigenen Worten zusammenzufassen. Dadurch wird es besser verankert.
- Du kannst für deine Notizen Zettel nehmen, ein einfaches Notizbuch verwenden oder dir das *Mein Quadro* Notizbuch besorgen, das wir für die Quadro-Serie entwickelt haben.
- Wer passiv konsumiert, bleibt passiv. Je nach Enneagrammtyp wird dir die Umsetzung leichter oder schwerer fallen. Frage dich deshalb nach jedem Lesen: Wenn ich jemandem erzählen würde, was der wichtigste Impuls für mich war, was würde ich ihm oder ihr sagen? Was will ich tun?
- Lies das Quadro gemeinsam mit deinem Partner, Freunden oder Kollegen und sprecht darüber. Ihr werdet große Aha-Erlebnisse haben und sicher auch das eine oder andere Mal lachen.
- Setze die Handlungsimpulse möglichst zeitnah um. Was du selbst ausprobiert hast, prägt sich tiefer ein als die Dinge, die du nur liest.
- Bleibe gelassen. Klage dich nicht an. Änderungen geschehen nicht von heute auf morgen. Erlaube dir, in deinem ganz eigenen Tempo zu lernen.
- Mach dir eine Liste der Haltungen und Tools, die du gerne lernen möchtest (maximal fünf). Konzentriere dich darauf. Nimm die Liste immer wieder zur Hand, um zu beobachten, wie du dich weiterentwickelt hast.

Woche 1
Das Enneagramm kennenlernen

In allen Beziehungen braucht es die Kunst des Übersetzens. Das Enneagramm ist eines der hilfreichsten Übersetzungstools, die es gibt.

—Suzanne Stabile

Enneagramm – der Ursprung

■ Woher kommt das Enneagramm? Man weiß nur, dass es eine sehr alte Typenlehre ist. Doch wer genau es entwickelt hat, ist nicht bekannt.

Die einen vermuten den berühmten Mathematiker Pythagoras dahinter, andere denken, es stammt aus der Tradition des Sufismus oder von den christlichen Wüstenvätern. Für letztere Theorie spricht beispielsweise, dass das Enneagramm von einer Wurzelsünde spricht und auch, dass es starke Parallelen zu den Lehren von Evarius Ponticus, einem christlichen Lehrer des 4. Jahrhunderts gibt.

Diese antiken Lehren können als Vorstufen des Enneagramms gesehen werden.

Schriftliche Aufzeichnungen, dass das Enneagramm in der Antike als Typensystem verwendet wurde, gibt es nicht. Bekannt gemacht wurde das Enneagramm in der heutigen Form von dem griechisch-armenischen Weisheitslehrer Georges I. Gurdieff, der es 1916 seinen Schülern, besonders P. D. Ouspenski, vermittelte. Das Wort Enneagramm tauchte da erstmals schriftlich auf. Das Enneagramm wurde von ihm vor allem als Werkzeug zur Selbstentwicklung gesehen, nicht so sehr als Symbolisierung verschiedener Persönlichkeitstypen.

Der psychologische Aspekt des Enneagramms wurde von Lehrern wie Oscar Ichazo, Claudie Naranjo, Helen Palmer und Don Richard Roso weiterentwickelt. Der Franziskanerpater Richard Rohr und der evangelische Theologe Andreas Ebert adaptierten das Enneagramm für christliche Seelsorge und Spiritualität. Viele andere Lehrer und Autoren haben seitdem zu einem vertieften und erweiterten Verständnisses des Enneagramms beigetragen.

■ **Denk mal**

Welche Typenlehren und Persönlichkeitssysteme kennst du?

■ **Mach mal**

Notiere 10 oder mehr Begriffe, mit denen du selbst oder andere dich beschreiben.

Viele verschieden gestimmte Saiten ergeben erst Harmonie.
—Joseph von Eichendorff

Neun Persönlichkeiten

Das Enneagramm beschreibt neun verschiedene Persönlichkeitstypen und ihre Grundmotive – das, was sie im tiefsten Inneren motiviert und antreibt. Dabei geht es nicht darum, Verhalten für immer festzuschreiben: »So bist du nun mal!« Es geht vielmehr darum, typische Verhaltensmuster aufzuzeigen, um dann Wege in die Freiheit zu finden.

Die neun Typen sind auf einem Kreis angeordnet. Jede Zahl hat zwei Nachbarn, die als Flügel beschrieben werden (s. Grafik S. 38). In der Regel lebt man auch einige der Verhaltensmuster der Flügel aus – in der ersten Lebenshälfte mehr den einen, in der zweiten Lebenshälfte mehr den anderen.

Dann gibt es – mit einem Pfeil von der Nummer gekennzeichnet – den Stresspunkt. Also das Verhalten, zu dem man greift, wenn man gestresst ist.

Im Kontrast dazu gibt es den Trostpunkt, das gesunde, hilfreiche Verhalten, das man entwickelt, wenn man Zugang zu sich selbst und allen seinen Ressourcen hat.

Eine pflichtbewusste Sechs hat als Flügel beispielsweise die zurückgezogene Denkerin (Fünf) und den lebensfrohen Optimisten (Sieben). Im Stress neigt sie zum negativen Verhalten der Neun (Trägheit). Im guten Zustand geht sie in Richtung der Drei und gewinnt Vertrauen und Mut.

Für ein klares Selbstbild lohnt es sich deshalb, nicht nur die eigene Zahl zu betrachten, sondern sich auch intensiver mit den Flügeln und den Stress- und Trostpunkten zu beschäftigen.

Denk mal

Welche Menschen findest du besonders angenehm?

Mach mal

Beschreibe die Eigenschaften von Menschen, die du als wohltuend erlebst. Das könnte ein Hinweis auf deinen Trostpunkt sein.

1.3

Die Triaden

Ich überlege. Mein Bauch entscheidet.
—Max Grundig

■ Das Enneagramm teilt die Typen in drei Gruppen ein. Je nachdem, ob sie eher vom Kopf, Bauch oder Herzen gesteuert sind.

Triade Herz: 2, 3 und 4. Sie haben starke Antennen für Gefühle und Bedürfnisse anderer. Oft nehmen sie deren Gefühle weit besser wahr als ihre eigenen. Sie passen sich dem an, was andere vermeintlich von ihnen wollen. Häufig ist ihnen Wertschätzung sehr wichtig. Ihr beherrschendes Grundgefühl ist die Scham. Sätze wie »Ich genüge nicht« sind ihnen vertraut. Sie sehnen sich nach Anerkennung (2), Bestätigung (3) und Verständnis (4).

Triade Kopf: 5, 6 und 7. Diese drei haben mit dem Gefühl der Angst zu kämpfen: »Kann ich das schaffen?« Sie sehnen sich nach Ordnung, bauen eine innere Landkarte des Wissens auf und sortieren neue Informationen dort ein. Sie suchen nach Sicherheit durch Wissen (5), Regeln (6) und Ablenkung von unangenehmen Gefühlen (7). Es fällt ihnen oft schwer, zu Entscheidungen und ins Handeln zu kommen – während sie noch nachdenken, rauscht das Leben an ihnen vorbei.

Triade Bauch: 8, 9 und 1. Sie werden vom Instinkt oder Bauch gesteuert. Sie empfinden Dinge sehr tief, fürchten oft ihre eigenen, tiefen Gefühlsreaktionen und versuchen sie durch Rationalität und Kontrolle in Schach zu halten.

Ihnen ist es wichtig, dass die Dinge richtig und gerecht sind. Sie empfinden sehr oft Ärger: »Das ist nicht in Ordnung!«

Während die Acht dem Ärger oft lautstark Luft macht und die Eins ihren Ärger in Be- und Verurteilung zum Ausdruck bringt, hat die Neun den Ärger oft vergessen und verdrängt.

■ **Denk mal**

Welche Aspekte der einzelnen Triaden erkennst du in deinem Leben? Woran?

■ **Mach mal**

Alle Triaden tun sich schwer damit, alle Gefühle wahrzunehmen. Sei heute besonders achtsam für das, was du fühlst.

Jeder ist alles

Jeder ist wie alle und wie viele andere Menschen und wie kein einziger anderer Mensch.

—Autor unbekannt

Jeder Mensch trägt Aspekte aller unterschiedlichen Typen in sich. Keiner ist nur genau der Macher, die Beobachterin oder der Perfektionist. Wir alle tragen alle Verhaltensmuster in uns.

Es ist jedoch so, dass wir in der Regel bevorzugte Verhaltensweisen haben. Die sind dann typisch. Der oder die verhält sich typischerweise eher so. Ich sage ungern, dass jemand so oder so *ist*. Das legt Menschen fest und steckt sie in eine Box. Ich spreche also lieber davon, dass jemand sich bevorzugt auf eine bestimmte Art und Weise *verhält*.

Verhalten kann man ändern. Doch dafür ist es hilfreich, zu erkennen, zu welchem Verhalten man üblicherweise tendiert.

Das Enneagramm hilft nicht nur das eigene Verhalten besser wahrzunehmen, sondern auch die Grundängste darunter zu erkennen, aus denen sich das Verhalten speist. Jeder Mensch entwickelt aufgrund seiner Geschichte bestimmte Ängste. Es gibt Dinge, vor denen er sich besonders schützen will. Die sind je nach Typ verschieden.

Die Grundängste der einzelnen Typen

- Eins: verurteilt zu werden
- Zwei: nicht akzeptiert/geliebt zu werden
- Drei: sich zu blamieren, Ablehnung zu erfahren
- Vier: sich beschämt oder entblößt zu fühlen
- Fünf: nicht genug zu wissen
- Sechs: sich minderwertig zu fühlen
- Sieben: eingeschränkt zu werden
- Acht: die Kontrolle zu verlieren
- Neun: übersehen zu werden

Jeder Typ entwickelt andere Strategien, um seine Ängste und das Leben zu meistern.

Denk mal

Was ist typisch für dich? Finde 5 oder mehr Antworten.

Mach mal

Mache eine Liste mit 10 oder mehr Eigenschaften, die andere Menschen an dir besonders stark wahrnehmen.

Sei du selbst. Alle anderen sind schon vergeben.

—Oscar Wilde

Wie findet man seinen Typ?

Wer bin ich nun? Wo gehöre ich hin? Was zeichnet mich besonders aus?

Das sind die großen Fragen, die man sich automatisch stellt, wenn man sich mit dem Enneagramm beschäftigt.

Es gibt mehrere Wege, das herauszufinden.

- Lies hier im Quadro und vielleicht auch online und in anderen Büchern Beschreibungen der Typen und sieh, was dich anspricht.
- Blicke vor allem auf die Grundmotive. Was liegt unter deinem Verhalten? Welche Ängste und Sehnsüchte treiben dich an?
- Jeder Typ hat einen bestimmten Kommunikationsstil. Frage dich selbst und andere, wie sie deine Kommunikation erleben. Das kann ein Hinweis auf deinen Typ sein:
  - Eins: belehrend, richtig/falsch urteilend
  - Zwei: beratend, schmeichelnd, wissend
  - Drei: präsentierend, werbend, begeisternd
  - Vier: gefühlsbetont, lamentierend, lyrisch
  - Fünf: systematisch, referierend, sachlich
  - Sechs: ängstlich, warnend, widersprechend
  - Sieben: visionär, witzig, ausufernd
  - Acht: klar, direkt, dominant, befehlend
  - Neun: sanft, zurückhaltend, monoton
- Mache einen Test. Es gibt viele Tests im Internet. Auf Seite 38 findest du dazu einige Tipps und Hinweise.
- Bitte eine Person, die dich gut kennt und sich mit dem Enneagramm gut auskennt, dir zu beschreiben, wie sie dich wahrnimmt.

Denk mal

Bei welchem Sprachstil erkennst du dich nicht wieder? Bei welchem schon eher?

Mach mal

Google »Enneagram(m) Test« und wähle einen Test aus, der zu deinem Budget passt. Ich empfehle den englischen Test von *www.enneagraminstitute.com*

1.6

Eins: Die Perfektionisten

Gut ist gut genug.

—Lebensweisheit

Die Einser haben die Gabe und Fähigkeit, Möglichkeiten für Verbesserungen zu erkennen und umzusetzen. Auf sie ist Verlass. Sie sind die großen Weltverbesserer. Der Ärger, den sie als Bauchtypen empfinden, wird oft in konstruktive Verbesserung umgeleitet.
Die Arbeit, die man ihnen anvertraut, wird pflichtbewusst erledigt. Dahinter steckt aber oft die Angst, nicht vollkommen zu sein und von sich und anderen verurteilt zu werden.
Die Einser haben einen starken inneren Kritiker, der sie oft stark antreibt. Sie wirken auf andere oft moralisierend, überkritisch und kleinlich. Für sie ist es kaum zu begreifen, dass andere nicht so ordentlich, pflichtbewusst und korrekt sind wie sie selbst. Doch vor allem geht ihre Kritik nicht zuerst nach außen, sondern nach innen. Sie treiben sich selbst am stärksten an.
Durch ihre Gabe, Verbesserungsmöglichkeiten zu sehen, fällt es ihnen schwer, Ergebnisse zu akzeptieren, die nicht perfekt sind. »Gut ist gut genug« zu denken, ist für sie herausfordernd.
Einser sind sehr wahrheitsliebend und integer, ihr Sprachstil ist direkt, klar und oft auch belehrend und kritisierend. Sie brauchen viel Planungssicherheit, ihre Dinge sind geordnet und Aktivitäten werden gut, manchmal auch akribisch geplant.
Wenn Einser reifen und entspannt sind, dann werden sie zu weisen, warmherzigen Menschen mit sehr gutem Urteilsvermögen.
Der Eins tut die heitere Gelassenheit der Sieben gut. Sie darf auch mal fünf grade sein lassen.

Denk mal

Wer in deinem Umfeld – einschließlich dir selbst – zeigt Charakteristika einer Eins?

Mach mal

Wenn du oder andere heute etwas tun, was nicht perfekt ist, sprich dennoch Lob dafür aus: Das war im Rahmen des Möglichen gut.

All you need is love. / Alles, was du brauchst, ist Liebe.

—Die Beatles

Zwei: Die Helfer

Zweier sind meist positiv, ein Sonnenschein, liebevoll und fürsorglich. Sie spenden Wärme und sorgen dafür, dass alle sich wohlfühlen. Sie haben gute Antennen für andere, unterstützen sie gern und sind großartige Gastgeber.

Beziehungen sind wichtig für sie. Sie definieren sich oft über das, was sie für andere tun. Sie brauchen es, gebraucht zu werden. Sie bieten gern Hilfe und Rat an.

Es ist für sie normal, andere zu unterstützen, aber es fällt ihnen schwer, ihre Bedürfnisse zuzugeben oder um Unterstützung zu bitten. Letztlich ist das eine Form von Stolz. Sie denken, andere können nicht ohne ihre Hilfe auskommen, sie kämen aber durchaus ohne die anderen zurecht.

Es kann passieren, dass eine Zwei etwas für einen macht, was man gar nicht unbedingt will. Hier können sie in ihrer Freundlichkeit leicht die Grenzen anderer überschreiten.

In ihnen steckt die Angst, dass das Zugeben der eigenen Bedürfnisse als Last empfunden oder gar abgewertet wird.

Zweier sind oft so fokussiert, dass sie vergessen, sich um sich selbst zu kümmern.

Sie brauchen viel Kontakt zu anderen Menschen, Wertschätzung und Anerkennung. Zu viel Kritik kann sie aus der Bahn werfen.

Wenn sie wachsen wollen, können sie üben, sich zu fragen: Was fühle ich gerade? Was brauche ich?

Sie können lernen, sich bedürftig zu zeigen und andere um Unterstützung zu bitten. Und auch einmal »Nein« zu sagen oder zumindest erst einmal zu überlegen, ob sie etwas tun wollen, statt automatisch »Ja« zu sagen.

Denk mal

Wer in deinem Umfeld (einschließlich dir selbst) zeigt viele Charakteristika einer Zwei?

Mach mal

Wenn dich jemand um etwas bittet, bitte um Bedenkzeit. Entscheide erst dann.

Woche 2
Die verschiedenen Typen

Wo ein Wille ist, ist auch ein Weg.
—Sprichwort

Drei: Die Gewinner

Die Dreier sind Macher. Sie packen Dinge an, sind klar und fokussiert. Der Erfolg steht ihnen auf die Stirn geschrieben. Geht nicht, gibt´s nicht. Sie brauchen Ziele, sind sehr leistungsbetont und erfolgsorientiert und lieben es, zu arbeiten.

»Ich habe keine Hobbys«, erzählt Autor und Unternehmer Donald Miller, eine typische Drei. »Ich habe es mal mit Angeln versucht, aber kaum war ich am Wasser, hatte ich eine Geschäftsidee nach der anderen.«

Dreier träumen groß und inspirieren andere, ihnen zu folgen. Sie können schnell die Stimmungen anderer lesen und sie auf passende Weise ansprechen. Im Verkauf sind sie oft ausgezeichnet. Ich habe eine Dreier- und eine Vierer-Freundin, die beide malen. Die Vier ist aus meiner Sicht die weit bessere Künstlerin, doch die Drei verkauft mehr.

Dreiern ist wichtig, dass sie bei anderen gut ankommen. Das ist ihr innerer Antrieb. Dabei kann es schon mal passieren, dass sie es mit der Wahrheit nicht so genau nehmen und andere und auch sich selbst täuschen.

Dreier sind so stark nach außen orientiert, dass es ihnen von allen Enneagrammtypen am schwersten fällt, ihre eigenen Gefühle wahrzunehmen.

Für sie ist es besonders wichtig, Zeiten der Ruhe und Reflexion in ihr Leben zu integrieren – besonders in der Natur –, um sich selbst auf die Spur zu kommen. Es tut ihnen gut, darüber nachzudenken, was sie für den Erfolg opfern. Am besten mithilfe eines Seelsorgers oder Coaches.

Denk mal

Wer bist du – ohne deine Erfolge und Leistungen?

Mach mal

Verbringe heute Zeit in der Natur. Ohne Arbeit und Pläne. Sei da und genieße.

Melancholie ist das Vergnügen, traurig zu sein.

—Victor Hugo

Vier: Die Romantiker

Vierer sind äußerst gefühlsintensive Menschen, die eigene Empfindungen und auch die Stimmungen anderer mit feinen Antennen und sehr intensiv wahrnehmen. Vierer haben keine Gefühle. Vierer sind Gefühl!

Vierer empfinden oft, dass sie unvollkommen sind und ihnen etwas fehlt – sie schwelgen deshalb vielfach in der guten alten Zeit oder hoffen voller Sehnsucht auf eine bessere neue Zeit. Für sie ist es nicht leicht, im Hier und Jetzt zu sein und zu handeln.

Ihnen ist kein menschliches Thema fremd, sie scheuen sich nicht, über Tod, Sex, Schmerz und Leid zu sprechen. Andere fühlen sich von ihnen oft tief verstanden.

Vierer lieben das Außergewöhnliche und Besondere. Häufig sind sie ausgesprochen kreativ und haben das Potenzial, schmerzhafte Erfahrungen in etwas zu verwandeln, das gut, schön und wertvoll ist.

Nicht jeder Künstler ist eine Vier, doch unter Künstlern sind Vierer überdurchschnittlich oft vertreten: Bob Dylan, Ingmar Bergmann, Peter Ustinov, Maria Callas, Johnny Depp ...

Vierer unterschätzen sich selbst und ihre Fähigkeiten. Weil sie denken, dass ihnen etwas fehlt, beneiden sie oft die Menschen, die das Vermeintliche haben.

Vierer reifen, wenn sie entdecken, dass ihre überdramatische und von Mangel geprägte Sicht der Welt eine Illusion ist. Wenn die Vergangenheit anklingelt, tut es gut, nicht hinzuhören. Sie sagt ohnehin nichts Neues. Statt im Leiden stecken zu bleiben, hilft es, zu erkennen, was zum Leiden geführt hat, und konkrete Maßnahmen zu ergreifen.

Denk mal

Was hat zu etwas geführt, unter dem du leidest? Was kannst du jetzt konkret tun, um daran etwas zu verbessern?

Mach mal

Probiere Folgendes einmal aus: Wenn die Vergangenheit anklingelt, höre nicht hin, lass die innere Mailbox rangehen und sage dir: »Da kommt nichts Neues.«

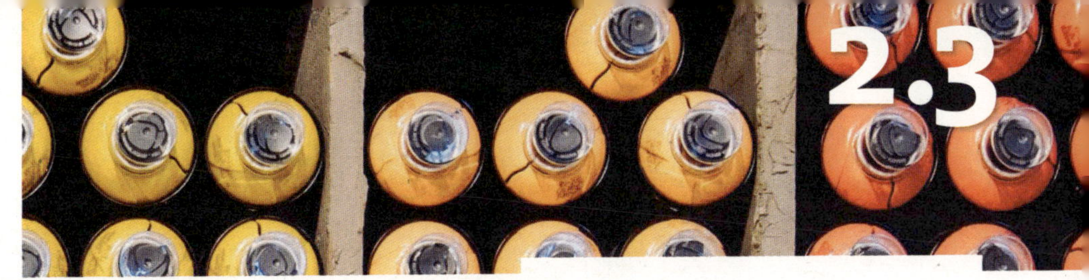

Fünf: Die Forscher

Ich denke, also bin ich.
—René Descartes

Die Fünfer sind unerschrockene Forscher und Entdecker, die die Welt in ihrer ganzen Vielfalt verstehen und zugleich in der Tiefe durchdringen wollen und können. Das können auch sehr exotische Nischenthemen sein wie Tiefseefische oder historische Blockflöten. Sie sind sehr sachlich, können Dinge nüchtern und rational durchdringen und sind gute Ratgeber. Auch ihr Sprachstil ist sachlich und rational.

Hinter ihrem oft fast zwanghaften Bedürfnis, Wissen anzusammeln und zu durchdringend, steckt meist die Angst, nicht zu genügen. Oder auch das Empfinden von Mangel: nicht genug zu wissen, zu haben oder – auch in Beziehungen – nicht ausreichend zu sein.

Aus diesem Empfinden von Mangel heraus horten sie oft, was sie haben, und halten ihr Wissen zurück, statt mit ihren großen Schätzen andere zu bereichern.

Sie sind meist introvertiert und lieben es, in Ruhe zu sein und arbeiten zu können. Spontane, plötzliche Aktionen, auf die sie nicht vorbereitet sind, versetzen sie in Stress.

Fünfer reifen, wenn sie lernen, sich auf das Leben und den jetzigen Moment einzulassen, statt das Leben lediglich zu beobachten und anschließend zu analysieren.

Es tut ihnen auch gut, sich von der Empfindung der Mangelhaftigkeit zu lösen und ihre Zeit, ihr Wissen, ihr Geld und ihre Gedanken mit anderen zu teilen.

Und schließlich tut es ihnen gut, zu wissen, dass es nicht peinlich ist, nicht alle Antworten zu wissen, sondern einfach nur zutiefst menschlich.

Denk mal

Wen kennst du, der Charakteristika einer Fünf zeigt?

Mach mal

Teile heute etwas, was du weißt, mit einem anderen Menschen.

Sechs: Die Pessimisten

Sicher ist sicher!

—Sprichwort

Sechser lieben Sicherheit. Ihnen sind Regeln wichtig. Sie möchten, dass sie selbst, ihr Umfeld und ihre Projekte auf der sicheren Seite sind. Wenn eine Idee noch Schwächen hat, kann man davon ausgehen, dass eine Sechs sie findet.

Die Kehrseite dieser Stärke ist, dass Sechser viele Ängste und Bedenken haben und ein hohes Maß an Sicherheit und Unterstützung brauchen, um sich geborgen und wohlzufühlen.

Sie sind die klassischen Bedenkenträger und ihr Kommunikationsstil ist vorsichtig und kritisch auf Probleme hinweisend. Für andere, die vorankommen wollen, kann das anstrengend sein, doch wenn man in einem Team die Qualitäten der Sechser erkennt, können sie durch ihre Fähigkeit, Schwachstellen zu sehen, viel zum Gelingen von Projekten beitragen.

Wenn sie in einem Umfeld arbeiten, wo ihre Stärke gefragt ist, sind sie hervorragend. Als Planer, Gesundheits- und Sicherheitsexperten, Detektive, Korrekturleser oder Inspektoren können sie ihre Stärken voll ausleben.

Sechser neigen dazu, sich schlimmstmögliche Szenarien auszumalen. Es tut ihnen gut, weniger Horrornachrichten zu sehen und zu lernen, sich selbst und ihre Gedanken zu beruhigen.

Hilfreich ist auch, sich an das zu erinnern, was sie gut gemacht haben und wie sie schwierige Situationen gut bewältigt haben.

Für gute Beziehungen zu anderen sollten Sechser üben, auch das Engagement der anderen und die positiven Aspekte einer Situation hervorzuheben. Das tut allen gut.

Denk mal

Worin besteht für dich der Unterschied zwischen berechtigter Furcht und grundloser Ängstlichkeit?

Mach mal

Betone heute gegenüber anderen die positiven Seiten einer – vielleicht schwierigen – Situation.

Langweilig können auch die anderen sein.

—Kerstin Hack (mein Leib- und Magensatz)

Sieben: Die Optimisten

Siebener sind Freudenbomben. Sie können sich und andere ständig für Neues begeistern. Ihre positive Sicht auf die Dinge und ihr Optimismus sind ansteckend. Ihre Kreativität und große Energie können Dinge schnell voranbringen. Sie können gut Projekte starten und im Kommunikationsbereich arbeiten.

Probleme werden entweder ignoriert, weil sie unangenehme Gefühle vermeiden wollen, oder fantasievoll gelöst. Ich musste einmal einen Brief einwerfen, dessen Verschluss nicht mehr hielt. Also löste ich kurzentschlossen Werbeaufkleber vom Briefkasten und verschloss den Brief damit. Für mich als Sieben ganz normal.

Siebener können andere mitreißen, sind sprudelnd und erzählen gern Geschichten. Sie brauchen Abwechslung. Manchmal dient jedoch ihr Hunger nach immer neuen Erfahrungen und Dingen dazu, unangenehmen Aufgaben oder schmerzhaften Erfahrungen auszuweichen. Schlimmstenfalls sind sie oberflächlich und springen von einer Sache oder Person zur nächsten und bringen nichts zu Ende.

Siebener wachsen, wenn sie sich darin üben, bei einer Sache zu bleiben.

Es tut ihnen gut, nicht optimistisch über eigene schmerzhafte Erfahrungen oder den Schmerz anderer hinwegzugehen, sondern sich damit auseinanderzusetzen und unangenehme Emotionen zu empfinden.

Sie dürfen lernen, in der Gegenwart zu bleiben – nicht mit dem Kopf schon bei der nächsten Idee – und Entscheidungen für eine Sache nicht als Einschränkung zu werten, sondern als Möglichkeit.

Denk mal

Vor welchen Erinnerungen und Gefühlen läufst du weg? Mache eine Liste.

Mach mal

Sprich heute einmal mit einem Menschen über etwas, das dich traurig macht.

Alle Stärke wird nur durch Hindernisse erkannt, die sie überwältigen kann.
—Afrikanisches Sprichwort

2.6 Acht: Die Anführer

Achter sind Powertypen. Wenn sie einen Raum betreten, nimmt man sie als stark und selbstbewusst wahr. Sie verfügen über große Mengen an Energie und setzen sie ein, um ihre Ziele zu erreichen. Ihr Kommunikationsstil ist klar, laut, autoritär, polarisierend (schwarz-weiß) provozierend und direkt: »Mach das! Tue jenes!«

Achter machen keine halben Sachen. Sie sind sehr leistungsfähig und wenn sie etwas tun, tun sie es extrem – 300 % – egal, ob es sich um Sport, Essen, Arbeit oder Projekte handelt.

Menschen wie Martin Luther King oder Mutter Teresa, aber auch Picasso, die sich mit fast übermenschlicher Energie ihrer Aufgabe verschrieben haben, sind typische Achter. Auch viele Menschen, die andere als Machtmenschen bezeichnen, sind Achter. Als Bauchmenschen sind Achter selten weit vom Ärger entfernt und können ihn oft nur schwer bremsen.

Dabei ist es so, dass Achter in der Regel ein Herz für die Schwachen, Armen und Ausgestoßenen der Gesellschaft haben oder auch für die schwächeren Mitglieder der Familie. Sie besitzen die große Fähigkeit, anderen Schutz und Kraft zu geben und für Gerechtigkeit zu sorgen.

Die Grundangst der Acht ist, Schwäche zu zeigen und von anderen beherrscht oder verraten zu werden. Deshalb tun sie in Beziehungen alles, um die Kontrolle zu behalten.

Achter, die reifen wollen, dürfen lernen, mit sich selbst und anderen barmherziger zu sein. Sie dürfen eigene Schwäche zulassen und anderen mehr Raum geben und sie achten.

Denk mal

Welche Aspekte der Acht nimmst du in deinem Leben oder deinem Umfeld wahr?

Mach mal

Egal, ob du eine Acht bist oder nicht: Sei heute barmherzig mit deinen Schwächen oder den Schwächen anderer.

In der Ruhe liegt die Kraft.

—Sprichwort

Neun: Die Friedensstifter

Die Neuner können sich in alle Positionen und Perspektiven hineinversetzen. Sie bringen ihren Mitmenschen viel Verständnis entgegen. Dadurch sind sie die geborenen Vermittler. Sie können in einer Gruppe viel zu Harmonie und Frieden beitragen.

Es ist meist sehr angenehm und wohltuend, mit Neunern zusammen zu sein. Eine Neuner-Freundin, die ich einmal wöchentlich treffe, gibt mir das Gefühl, angenommen und verstanden zu sein.

Wie jede Gabe hat auch das Alle-verstehen-Können Schattenseiten. Weil sie sich so gut in andere hineinversetzen können, fällt es Neunern oft schwer, zu empfinden und zu sagen, was sie wirklich wollen. Letztlich ist ihre tiefere Motivation, Konflikte zu vermeiden und die Beziehung zum anderen zu bewahren.

Auch mit sich selbst mögen sie keine Konflikte und anstrengende Herausforderungen. Sie verschwinden dann einfach – hinter den Bildschirm oder in etwas anderes, was sie betäubt und ablenkt. So bleiben sie hinter ihren Möglichkeiten zurück.

Entscheiden fällt Neunern schwer. Sie lassen sich oft von dem bestimmen, was sich eben so ergibt. Wenn ich als Sieben aus Langeweile Gymnastik mache, während Teewasser kocht, überlegt die Neun so lange, was sie tun könnte, bis die Zeit vorbei ist. Neuner können leichter entscheiden, wenn die Anzahl der Optionen reduziert wird.

Neuner wachsen und reifen, wenn sie Flucht und Vermeidung reduzieren und stattdessen lernen, wahrzunehmen, was sie selbst wollen, und dafür einstehen. Und wenn sie vertrauen, dass ihre Stimme wichtig ist.

Denk mal

Wo entziehst du dich Konflikten oder Herausforderungen, indem du abtauchst?

Mach mal

Du musst etwas entscheiden und es fällt dir schwer? Schreibe dir alle Optionen auf Zettel. Wirf die Hälfte der Zettel weg. Entscheide dann.

Woche 3
Das Enneagramm und ich

Es ist nicht die Aufgabe des Enneagramms, dir Komplimente zu machen.

—Elizabeth de Smaele

Selbsterkenntnis

Ich bin ein mutiger und optimistischer Mensch. Ich packe Aufgaben an. Ich baue Schiffe. Ich bin positiv. Das stimmt. Aber es ist nur eine Seite der Medaille. Das Enneagramm hat mir als Sieben geholfen, auch die Schattenseiten und Ängste meiner Seele zu erkennen.

Eine Eins in meinem Umfeld war erschreckt, durch das Enneagramm wahrzunehmen, wie stark sie sich und andere verurteilt. Eine Neun sah, wie viel Angst sie tatsächlich hat.

Von Zweiern und Dreiern weiß ich, dass sie durch das Enneagramm erkannt haben, dass hinter ihrem liebevollen Handeln für andere oft der Schrei steckt, geliebt zu werden und anerkannt zu sein. Oder dass Vierer sich oft unvollständig fühlen.

Es tut gut, wenn wissenshungrige Fünfer oder Regeln liebende Sechser und sprunghafte Siebener erkennen, wie stark ihr Suchen nach Information von Angst geprägt ist. Und Achter sind oft richtig erschrocken, wenn sie erkennen, wie beängstigend ihr machtvolles Auftreten für andere ist.

Selbsterkenntnis ist oft erst einmal bitter. Wir sehen lieber die positiven Seiten unserer Persönlichkeit. Doch wer neben den Stärken auch die Schatten wahrnimmt, bekommt neuen Handlungsraum.

Man braucht sich nicht mehr selbst für bestimmte Handlungen anzuklagen, weil man besser versteht, was einen zu dieser Handlung getrieben hat. Dadurch wird man barmherziger mit sich selbst. Man sieht, dass viele Handlungen einem bisher ungestillten Hunger entspringen. Man kann dann aktiv Wege suchen, diesen Hunger zu stillen.

Denk mal

Welche positiven Auswirkungen erwartest du in deinem Leben, wenn du dich selbst besser verstehst?

Mach mal

Führe einen inneren Dialog, in dem du dem ängstlichen Teil in dir selbst Verständnis, Akzeptanz, Trost und Mut zusprichst.

Automatismen auflösen

Erkenne dich selbst.
—Inschrift im Tempel von Delphi

»Du freust dich gar nicht mit!«, sagte ich etwas enttäuscht zu einer Einser-Freundin. Ich hatte ihr einen coolen Porzellanteller mit Hirschgeweih gezeigt, den ich geschenkt bekommen hatte. »Ich kann mich nicht freuen, wenn ich etwas nicht schön finde!«
Im Gespräch wurde deutlich, dass ihre erste Reaktion nicht Empathie oder Mitfreuen ist, sondern das Beurteilen: Ich finde das richtig oder falsch, schön oder nicht schön.
Sie erschrak, als sie wahrnahm, wie verletzend das für einen anderen Menschen sein kann. Es spricht für sie, dass sie jetzt stärker übt, Gefühlen und Empathie Raum zu geben. Sich mit anderen zu freuen, auch wenn etwas ihr nicht sehr gefällt.
Es ist eine große Stärke des Enneagramms, Automatismen auf die Spur zu kommen.
Wer weiß, »das ist mein übliches Reaktionsmuster, also meine automatische Grundeinstellung«, kann bewusst andere Verhaltensmuster einüben. Er ist nicht mehr Sklave seiner Reaktionen, sondern gewinnt Freiheit und Handlungsspielraum.

Die Eins neigt zum Richten: »Ich habe recht!«
Die Zwei zum Stolz: »Ich helfe anderen.«
Die Drei zur Täuschung: »Ich bin erfolgreich!«
Die Vier zu Neid und Darstellung: »Ich bin anders!«
Die Fünf zum Anhäufen: »Ich bin wissend!«
Die Sechs zur Ängstlichkeit: »Ich bin pflichtbewusst.«
Die Sieben zur Ablenkung: »Ich bin optimistisch und vielseitig!«
Die Acht neigt zu Lust und Macht: »Ich bin stark!«
Die Neun zu Trägheit: »Ich bin umgänglich!«

Denk mal
Wo siehst du dein automatisches Reaktionsmuster im Leben in Erscheinung treten?

Mach mal
Überlege dir andere Optionen zum Handeln. Male sie dir bildlich aus, bis du dir vorstellen kannst, so zu handeln. Dann tue es.

Kunst ist für den Menschen genauso ein Bedürfnis wie Essen und Trinken.
—Fjodor Dostojewski

Grundbedürfnisse erkennen

Jeder Mensch hat eine Vielzahl von Bedürfnissen, die sich in verschiedenen Situationen äußern. Doch es gibt Bedürfnisse, die je nach Typ besonders stark ausgeprägt sind.
Eins: Ihr ist es sehr wichtig, integer und richtig zu sein und recht zu haben.
Zwei: Sie will mit anderen in guter Beziehung sein und braucht deren Wertschätzung.
Drei: Sie will etwas erreichen und erfolgreich und beliebt sein. Ihr ist Bestätigung wichtig.
Vier: Sie will mit der eigenen Tiefe verbunden sein und braucht Verständnis für ihre Gefühle und Anerkennung für ihre Einzigartigkeit.
Fünf: Sie will die Welt verstehen und Wissen sammeln, um kompetent zu sein.
Sechs: Sie braucht viel Sicherheit, Klarheit und Unterstützung. Auch die Bestätigung, dass sie die Dinge richtig macht.
Sieben: Sie möchte Spaß haben und das Leben genießen. Sie braucht weite Grenzen und Freiraum.
Acht: Ihr ist es wichtig, sich zu schützen und die Kontrolle zu haben. Sie will vorangehen und stark sein.
Neun: Ihr ist Harmonie und Einklang wichtig. Sie will inneren Frieden und Stabilität bewahren.
Wer weiß, was sein Grundbedürfnis ist, kann sich besser verstehen: »Ah, ich habe so gehandelt, weil mir dieses Bedürfnis besonders wichtig ist.«
Eine befreundete Künstler-Sieben überlegte, einen finanziell ertragreichen Geschäftszweig aufzugeben, weil er ihr Bedürfnis nach Spaß nicht mehr erfüllte. Ihr half es, zu sehen, dass das Geld anderen Spaß ermöglichen könnte.

Denk mal

Welche Grundbedürfnisse erkennst du bei dir besonders häufig?

Mach mal

Tue heute aktiv etwas, um ein wichtiges Grundbedürfnis zu stillen.

3.4

Gefühle entdecken

Gefühle sind die Farben der Seele.
—William Paul Young

Jede Triade kann bestimmte Gefühle leichter und andere schwerer spüren:
Die Bauch-Triade kann Ärger gut spüren. Je nach Typ wird der Ärger nach außen (8 und 1) oder nach innen (9) gerichtet. Ihr fällt es schwer, Gefühle wie Angst oder Unsicherheit zuzulassen.
Hier gleichen sie der Kopf-Triade (5, 6, 7) die von Angst gesteuert wird, sie aber kaum spürt. Freude und Begeisterung hingegen schon.
Herztypen spüren Gefühle der anderen stark. Sie nehmen wahr, was andere brauchen (vor allem 2), wie sie selbst wirken (3), oder nehmen nur traurige Gefühle wahr (4). Sie können über den Körper besseren Zugang zu Emotionen finden.
Die Kopf-Triade denkt Gefühle oft: »Das ist ja nett!«, aber spürt sie nicht. Oft wird Angst verdrängt durch Wissensansammlung (5), Projektion (6) oder aktive Verdrängung durch Spaß und Ablenkung (7).
Das Enneagramm kann helfen, nicht wahrgenommenen oder verdrängten Gefühlen Raum zu geben und ganzheitlicher zu leben.

Achtung: Nicht alles, was nach Gefühl klingt, ist tatsächlich ein echtes Gefühl. »Ich fühle mich von dir verletzt/im Stich gelassen/nicht verstanden«, beschreibt in erster Linie eine Handlung: »Du hast … (nicht) getan.« Darunter liegen dann Gefühle.
Die gleiche Handlung kann je nach Typ oder Triade ganz unterschiedliche Gefühle auslösen. Wenn jemand zu spät kommt, ärgern sich die einen, die anderen spüren Trauer und Scham und die dritten rotieren im Kopf. Von daher ist es hilfreich, Gefühle genau zu beschreiben.

Denk mal
Welche Gefühle spürst du oft? Welche eher selten?

Mach mal
Achte heute bewusst auf deine Gefühle. Beobachte: Wann kann ich Gefühle gut wahrnehmen, wann weniger gut?

Das Glück wohnt nicht im Besitz und nicht im Gold, das Glücksgefühl ist in der Seele zu Hause.

—Demokrit

Das Innere nähren

Alle Typen neigen dazu, einen Ausschnitt der Wirklichkeit besonders intensiv wahrzunehmen. Alle wachsen an Einsicht und Bewusstsein, wenn sie lernen, wahrzunehmen, was ihnen ihre gesamte Person mitteilt.
Bauchtypen (8, 9, 1) werden oft vom inneren Erleben überflutet und müssen lernen, sich von ihren Gefühlsreaktionen zu distanzieren. Dabei hilft es auch, zu erkennen, dass die aktuellen Gefühle nicht nur von der Situation ausgelöst wurden, sondern auch von früheren Erfahrungen. Dadurch schrumpft die Panik und sie können objektiver wahrnehmen, was Sache ist.
Kopftypen (5, 6, 7) brauchen das genaue Gegenteil. Statt alles distanziert zu beobachten und im Kopf zu analysieren, tut es ihnen gut, wenn sie wahrnehmen, dass sie einen Organismus haben, durch den Gefühle fließen.
Sie wachsen innerlich, wenn sie wahrnehmen, dass sie einen Körper haben, und lernen, seine Regungen zu spüren und dem fantastischen Informationsarsenal zu vertrauen, das ihr Körper ihnen bietet.
Die Herztypen (2, 3, 4) neigen dazu, sofort für andere zu handeln, noch bevor sie eine Situation wirklich innerlich aufgenommen haben. Es tut ihnen gut, die Erfahrung an sich heranzulassen und sich selbst zu spüren und wahrzunehmen.
Sie wachsen, wenn sie üben, Situationen erst einmal innerlich aufzunehmen und durchzukauen. Es tut ihnen gut, abzuwarten, was innerlich geschieht. Wie auch für die Kopfmenschen ist die Wahrnehmung des Körpers und dessen, wie die Gefühle sich im Körper zeigen, essenziell.

Denk mal

Was bringt dich persönlich weiter: Wahrnehmen deiner Gefühle im Körper oder gesunde Distanz zu ihnen?

Mach mal

Probiere in der nächsten intensiven Situation einmal eine Strategie aus, zu der du normalerweise nicht greifst.

3.6

Spirituell wachsen

Ich bin, der ich bin.

—Gott

Jede Triade hat einen anderen Zugang zu Gott und zum spirituellen Leben. Doch alle können hier inneren Hunger stillen.
Herztypen (2, 3, 4) sind häufig vom Tun absorbiert und ziehen ihren Selbstwert aus dem Funktionieren. Sie spüren eigene Gefühle kaum. Um spirituell zu wachsen, brauchen sie mehr Zugang zu sich und ihrem Innenleben. Sie dürfen spüren, was in ihnen ist. Da kann auch Berührung, z. B. Massage helfen. Auch Selbstfürsorge ist wichtig. Statt sich zu bewerten und in Scham zu gehen, dürfen sie lernen, sich zu beobachten und das Wahrgenommene betend zu verarbeiten.
Die Kopf-Triade (5, 6, 7) sind viel im Kopf, sie suchen nach Konzepten und Ordnungen. Sie nehmen oft kaum wahr, dass ihre Gedanken nicht alles sind. Sie brauchen es, »Fleisch zu werden«, nicht nur zu denken und zu sehen, sondern mit allen Sinnen wahrzunehmen, was ist – auch Angst. Sie dürfen in die Wahrnehmung des Körpers, z. B. des Atems, und ins Handeln, in die Begegnung, den betenden Dialog und die Hingabe gehen.
Die Angehörigen der Bauch-Triade (8, 9, 1) sind schnell dabei, zu kritisieren und zu verurteilen. Damit erschweren sie es sich, sich einfach nur auf Erfahrungen einzulassen und so zu erleben, wie sie zutiefst lebendig sind.
Sie neigen auch dazu, dass sie die Kontrolle nicht loslassen wollen – noch nicht einmal gegenüber Gott. Sie wachsen spirituell, wenn sie es wagen, sich Gott anzuvertrauen und zu überlassen. Vor allem, wenn sie dann die Erfahrung machen, dass Gott ihre Existenz respektiert und wertschätzt.

Denk mal

Welcher Zugang zu Spiritualität spricht dich gerade besonders an?

Mach mal

Probiere einen der Zugänge aus: das Innere spüren, nach außen gehen, dich Gott anvertrauen.

Ich kenne keine ermutigendere Tatsache als die Fähigkeit des Menschen, sein Leben durch bewusste Anstrengung weiterzuentwickeln.
—David Henry Thoreau

Wachstumsziele setzen

■ Jeder Mensch und jeder Enneagrammtyp ist wunderbar. Wir alle tragen Stärken in uns, die die Welt verschönern und andere bereichern. Und wir alle haben Schwachpunkte, die es uns selbst und anderen schwer machen können, mit uns zu leben.

Wenn Automatismen reduziert wurden, ist jeder Typ eine große Bereicherung für alle. Reife Typen jeder Art sind für ihre Mitmenschen angenehmer.

Ich erhalte täglich den »Enneagram thought for the day« mit Tipps für meinen Persönlichkeitstyp. Manchmal nervt es mich, doch insgesamt tut es mir gut, darauf aufmerksam gemacht zu werden, wo ich mich verändern darf. Es ist mein Ziel, nicht von automatischen Verhaltensmustern beherrscht zu werden, sondern innerlich frei handeln zu können. Dafür nehme ich auch unangenehme Veränderungsprozesse in Kauf.

Das Enneagramm kann helfen, Entwicklungsfelder in der eigenen Persönlichkeit zu sehen, angemessene Wachstumsziele zu setzen und konkrete Maßnahmen zu ergreifen.

Mögliche Wachstumsziele

- Eins: mehr genießen statt verbessern
- Zwei: um Hilfe bitten, sich bedürftig zeigen
- Drei: Gefühle wahrnehmen und Wahrhaftigkeit
- Vier: Zufriedenheit entwickeln
- Fünf: Engagement und Handeln lernen
- Sechs: Mut, Vertrauen und Selbstverantwortung
- Sieben: Fokus, Mäßigung, Schmerz annehmen
- Acht: Machtlosigkeit zulassen und Großmut
- Neun: eigenen Standpunkt finden und handeln

■ **Denk mal**

In welchem Bereich möchtest du dich weiterentwickeln?

■ **Mach mal**

Mache einen Plan. Schreibe drei konkrete Handlungen auf, die dir helfen, dich zu entwickeln.

Woche 4
Menschen begleiten

Wer die Welt bewegen will, sollte erst sich selbst bewegen.

—Sokrates

Selbsterkenntnis als Leiter

70 % aller Deutschen halten sich für überdurchschnittlich gute Autofahrer. Schon beim Blick auf die Zahl wird klar, dass da etwas nicht stimmen kann.
Doch bei Führungskräften sieht es nicht anders aus. Selbsterkenntnis, das Wissen um die eigene Persönlichkeit, ist ein wesentlicher Faktor für erfolgreiche Leitung. Doch nur 17 % aller Führungskräfte haben ein angemessenes Selbstbild.
Leiter halten sich für geduldig, einfühlsam, strategisch. Andere sehen das nicht so. Oder sie denken, sie handeln aus selbstlosen Motiven, und andere nehmen ihr Handeln als von Angst oder Machthunger getrieben wahr.
Wir beschreiben Menschen mit einer solchen Fehleinschätzung ihrer eigenen Stärken oft als arrogant, überheblich oder narzisstisch. Dabei ist es egal, ob es sich um einen Gruppenleiter, einen Abteilungsleiter im Betrieb oder einen Präsidenten handelt. Es ist für andere schwer, mit jemandem zu arbeiten, der sich falsch einschätzt und den man nicht so leicht kritisieren kann.

Wer andere gut führen will, braucht eine klare, realistische Einschätzung seiner Stärken und Schwächen und seiner inneren Antreiber.
Wer zum Beispiel weiß, dass ihm als Eins wichtig ist, immer alles richtig zu machen, oder als Zwei, die Liebe der anderen zu bekommen, kann klarer handeln als jemand, dem die inneren Sehnsüchte, Antreiber und Ängste nicht so bekannt sind.
Wer weiß, was die Stärken seines Persönlichkeitstyps sind, gewinnt neue innere Freiheit und Handlungsspielraum.

Denk mal

Bei wem nimmst du starke Differenzen zwischen Selbstbild und Fremdbild wahr? Wie erklärst du dir das?

Mach mal

Bitte ein paar Menschen, die du schätzt, um ehrliches Feedback:
- Wie nimmst du mich wahr?
- Was treibt mich an?

Menschen verstehen

Der größte Fehler, den ein Leiter machen kann, ist, zu denken, alle anderen wären wie er.

—Ian Morgan Cron

Ich hatte einer Freundin einen – durchaus sinnvollen – Rat für ein medizinisches Problem gegeben. Sie reagierte mit heftiger Abwehr. Das hat mich verletzt.

Doch ich wusste, dass sie zur Bauch-Triade gehört, die schnell empfinden, dass ihre Grenzen weggespült werden und einen stark ausgeprägten Selbsterhaltungsinstinkt haben. Alles, was ein neuer Gedanke ist, wird erst mal als bedrohlich wahrgenommen und – mitunter massiv – abgewehrt. Das half mir, ihr Verhalten besser einzuordnen und etwas gelassener zu nehmen.

Es geht hierbei nie darum, Menschen in Boxen zu stecken: »Der ist halt so, weil er eine Enneagramm Nr. sowieso ist.«

Es geht vielmehr darum, Verhalten besser einordnen zu können. Wenn man beispielsweise weiß, was die Grundangst eines bestimmten Typen ist, kann man Verhalten besser einordnen.

Das führt dazu, dass man selbst gelassener bleiben kann, weil man den anderen und sein Verhalten besser versteht.

Diese Angst treibt die einzelnen Typen an

- Eins: verurteilt zu werden
- Zwei: nicht geliebt zu werden
- Drei: abgelehnt zu werden
- Vier: sich defizitär und fehlerhaft zu fühlen
- Fünf: mit Gefühlen überflutet zu werden
- Sechs: sich preisgegeben zu fühlen
- Sieben: nicht versorgt zu sein
- Acht: beherrscht zu werden
- Neun: getrennt zu sein

Wer die Ängste der anderen kennt, kann im Idealfall auch zur Milderung der Angst beitragen.

Denk mal

Welche Ängste sind dir aus eigener Erfahrung vertraut?

Mach mal

Mache eine Liste der Dinge, die dir helfen, wenn deine typische Angst auftaucht. Lass nahe Menschen wissen, wie sie dir helfen können.

Wer allein arbeitet, addiert – wer zusammenarbeitet, multipliziert.
—Arabische Weisheit

Teams aufbauen

Ein Coach erzählte von einem Team, das ausschließlich aus Alphatieren bestand, vor allem Enneagramm-Achter und -Dreier. Im Team herrschte ein hohes Maß an Stress. Er riet ihnen, für mehr Wohlbefinden eine Zwei ins Team zu nehmen. Sie taten es und es ging allen besser.

Wer ein gesundes Team aufbauen will, z. B. in einem Start-up, einer Abteilung oder auch im Ehrenamt, tut gut daran, eine breite Vielfalt an Persönlichkeitsstilen zu haben.

Jeder einzelne Enneagrammtyp bringt Fähigkeiten und Schwerpunkte mit, die kein anderer einbringen kann. Wer ein Gespür für das Enneagramm und die einzelnen Typen entwickelt, weiß schnell, wer in einem Team noch fehlt. Es ist wie bei einem guten Koch, der weiß, welche Zutat nötig ist, um ein Gericht abzurunden.

Leiter, die wissen, was ihre eigenen Stärken sind, können sie ausleben. Und Leiter, die ihre Schwächen kennen, können dafür sorgen, dass im Team Mitarbeiter sind, die diese Schwächen ausgleichen können.

Dafür sorgen die Typen in einem Team

- Eins: Verbesserungen und ethische Normen
- Zwei: Wertschätzung und Wohlfühlen
- Drei: große Träume und Motivation
- Vier: Kreativität und das Besondere
- Fünf: sachliche Information und Objektivität
- Sechs: Sicherheit und Einhaltung von Normen
- Sieben: Optimismus und Lösungsideen
- Acht: Vorankommen und Schutz der Schwachen
- Neun: Frieden und Harmonie, Versöhnung

Denk mal

Welche Leiter beeindrucken dich besonders? Was zeichnet sie aus?

Mach mal

Denke über die Teams nach, in denen du bist. Mache eine mentale oder schriftliche Liste der Stärken der Mitglieder. Notiere auch, was fehlt.

Wer seiner Führungsrolle gerecht werden will, muss genug Vernunft haben, um Aufgaben den richtigen Leuten zu übertragen, und genug Selbstdisziplin, um ihnen nicht ins Handwerk zu pfuschen.

—Franklin D. Roosevelt

Aufgaben verteilen

In einem freiwilligen sozialen Jahr arbeitete ich bei einem Seminarzentrum. Mein todlangweiliger Job: Gästezimmer putzen. Ein Albtraum für eine Sieben. Ich tauschte den Job mit einer introvertierten Fünf, die unter dem Trubel in der Großküche litt. Wir waren beide glücklich.

Jeder Typ hat Aufgaben, die für ihn schwierig sind. Zwinge nie eine Fünf, spontan eine Rede zu halten. Eine Sechs in ein risikoreiches Projekt zu stecken, wird alle stressen.

Wer weiß, wo einzelne Typen ihre neuralgischen Punkte haben, kann vermeiden, dass sie sich mit Aufgaben herumschlagen müssen, die nicht zu ihrer Persönlichkeitsstruktur passen oder zu ihrem Arbeitsstil. Während die einen in der Umgebung vieler Menschen aufblühen (2, 3, 7) ist für andere eine ruhige Umgebung wohltuender (1, 5, 9).

Was für Schwächen gilt, gilt auch für Stärken. Idealerweise setzt man Mitarbeiter dort ein, wo ihre Stärken liegen. Das führt dazu, dass sie weniger Energie verbrauchen, Freude an der Tätigkeit haben und alles voranbringen.

Tipps zum Umgang mit den einzelnen Typen, um sie in ihrem Potenzial zu fördern

- Eins: Höre ihr zu, was sie sich überlegt hat.
- Zwei: Gib ihr Raum, anderen zu helfen.
- Drei: Bestätige sie in dem, was sie leistet.
- Vier: Zeige ihr tiefes Verständnis.
- Fünf: Bleibe sachlich und gib ihr Raum.
- Sechs: Nimm Skepsis ernst und vermittle Sicherheit.
- Sieben: Sei positiv und bejahe ihre Ideen.
- Acht: Nutze ihre Stärke.
- Neun: Sanfter Druck und Kooperation.

Denk mal

Welche Teams hast du erlebt, in denen die Zusammenarbeit gut funktioniert hat? Was zeichnete sie aus?

Mach mal

Wenn du in einem Team bist, überlege, wie du einem Teammitglied heute etwas Gutes tun kannst – auf eine Art, die zu ihm oder ihr passt.

Freundschaft

Wer den Menschen liebt, wird ihn verstehen, wer ihn verachtet, ihn nicht einmal sehen.
—Christian Morgenstern

Zwei Monate im Campingwagen mit der besten Freundin – das hatte seine wunderbaren Seiten, aber auch Herausforderungen. Natürlich sind unsere verschiedenen Persönlichkeiten auch aneinandergeraten. Durch das Enneagramm konnten wir Muster schneller wahrnehmen. Doch mehr noch half es uns, das Warum unter dem Verhalten besser zu verstehen: Der andere handelt so, weil diese oder jene Grundangst ihn prägt. Das half, Dinge schneller einzuordnen und zu entspannen.
Das Enneagramm kann auch dazu beitragen, dass man keine unrealistischen Erwartungen an andere hat. Manches fällt einem Typen einfach schwerer als anderen und dann sucht man sich für diese Aufgabe im Idealfall diejenigen, die es gut können.
Wenn ein unmögliches Ziel erreicht werden soll, fragt man besser keine Sechs, sondern eine Eins, Acht oder Drei. Wer Trost und Hilfe braucht ist bei Zweiern, Vierern und Neunern gut aufgehoben. Und für Planung und Entwicklung von Ideen und Konzepten sind die Fünfer, Sechser und Siebener gut.

Einige Stärken der einzelnen Typen
- Eins: planen und organisieren
- Zwei: für gute Stimmung sorgen, Fürsorge
- Drei: Dinge voranbringen, etwas verkaufen
- Vier: Events außergewöhnlich machen, Trost
- Fünf: alle Aspekte gut durchdenken
- Sechs: die Regeln gut im Blick behalten
- Sieben: kreative Ideen entwickeln, Freude
- Acht: Projekte durchsetzen und voranbringen
- Neun: für Frieden sorgen, vermitteln

Denk mal
Wer von deinen Freunden und Bekannten zeigt welche der oben erwähnten Stärken?

Mach mal
Wenn du das nächste Mal etwas brauchst, überlege, welcher deiner Freunde genau die jeweilige Stärke hat.

Partnerschaft

Meine Frau und ich sind ein Herz und eine Seele. Aber nicht immer ein Kopf.
—Reinhold Scharnowski

Jede Kombination ist möglich. Rein theoretisch kann jeder Typ des Enneagramms mit einem gleichen Typen, einem nahe gelegenen Flügeltypen oder einem ganz anderen Typen eine romantische Beziehung eingehen.
Nahe liegende Flügeltypen haben oft schnell das Empfinden, sich gut zu verstehen, weil sie ähnlich ticken.
Ganz andere Typen bringen hingegen oft große Vielfalt in die Partnerschaft ein, aber sie brauchen viel Kommunikation, um die Verschiedenheit zu überbrücken.
Bei den gegensätzlichen Typen im Enneagramm ist es so, dass das, was der Trostpunkt für den einen ist, der Stresspunkt für den anderen ist.
Eine Acht erlebt beispielsweise eine Zwei als Partner als sehr wohltuend – für die Zwei kann die Acht hingegen sehr anstrengend sein. Hier ist es wichtig, dass der gestresstere Teil der Partnerschaft stark für die eigenen Bedürfnisse eintritt und der andere bereit ist, darauf zu achten. Das gilt auch für enge Freundschaften.
Wer weiß, was die Stress- und Schmerzpunkte beim anderen sind, kann sich darin üben, darauf zu achten und den anderen bestmöglich zu stärken.
Besonders hilfreich kann es sein, das Enneagramm zu nutzen, um die Sollbruchstellen einer Partnerschaft frühzeitig zu erkennen. So gibt es Kombinationen, die stark auf der Gefühlsebene sind, aber kaum ins Handeln kommen, und andere, die vor lauter Aktivität dazu neigen, das Miteinander und die Intimität zu vernachlässigen. Wer Gefahren kennt, kann die Beziehung schützen.

Denk mal

Zu welchen Menschen fühlst du dich hingezogen?

Mach mal

Wenn du in einer Partnerschaft lebst oder eine Partnerschaft gut kennst, beurteile mithilfe des Enneagramms ihre Stärken und Herausforderungen.

Die wahre Lebenskunst besteht darin, im Alltäglichen das Wunderbare zu sehen.

—Pearl S. Buck

Die Schätze feiern

Alle Typen des Enneagramms haben wunderbaren Gaben, die uns alle bereichern. Gleichzeitig haben sie auch Herausforderungen, an denen sie wachsen dürfen, um selbst freier zu werden – und auch angenehmer für die Mitmenschen.

Freiheit ist das eigentliche Ziel der Arbeit mit dem Enneagramm. Auch wenn es erst einmal spannend ist, zu sehen, wie man ist oder sich bevorzugt verhält, braucht man nicht dabei stehen zu bleiben.

Man kann mithilfe des Enneagramms besser wahrnehmen, wo man automatisch reagiert, weil das Grundgefühl getriggert wird. Und dann kann man gegensteuern.

Wenn die Fünf weiß, dass sie – aus Angst, nicht kompetent zu sein – unendlich lange Dinge durchdenkt, kann sie sich selbst Grenzen setzen, um danach wieder ins Handeln zu kommen. Wenn die Acht die Angst vor Kontrollverlust, die sie antreibt, spüren kann, ist sie in der Lage, ruhiger zu reagieren. Wenn die Eins frei wird vom Urteilen müssen, kann sie entspannter mit anderen umgehen.

Letztlich vertieft das Enneagramm das Verständnis für andere und die Freude an ihnen. Meine besten Freundinnen und ich haben Enneagram Insight, einen Newsletter abonniert, der täglich kurze Impulse zu unserem Typ gibt. Manchmal tauschen wir aus: Was stand heute bei dir? Was ist deine Grundangst? Welche Botschaft hast du in deiner Kindheit vermisst?

Wir sind erstaunt, wie unterschiedlich die Antworten beim gleichen Thema ausfallen. Wir verstehen uns selbst und andere besser. Ein Schatz!

Denk mal

Was war das größte Aha-Erlebnis, das du beim Lesen dieses Quadros hattest?

Mach mal

Entscheide dich für eine Sache, die du jetzt tun willst, um weiterzukommen. Schreibe sie auf einen Zettel oder als Notiz in dein Handy.

Das Enneagramm-Symbol und weitere Angebote

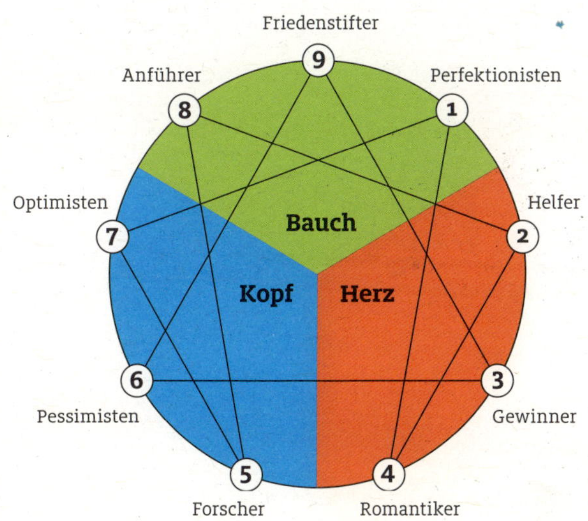

Coaching

Wenn du dir Begleitung dabei wünschst, das Beste aus deinem Typ zu machen, dann biete ich dir Coaching an.

Informiere dich hier:
www.kerstinhack.de/Coaching

Weitere Ressourcen

Enneagrammtest Deutsch:
www.eclecticenergies.com/deutsch/enneagramm/test

Enneagrammtest Englisch:
www.enneagraminstitute.com/rheti

Inspiration zum eigenen Typ:
subscriptions.enneagraminstitute.com/subscribers/create